BEI GRIN MACHT SICH IHR WISSEN BEZAHLT

AF144290

- Wir veröffentlichen Ihre Hausarbeit,
  Bachelor- und Masterarbeit

- Ihr eigenes eBook und Buch -
  weltweit in allen wichtigen Shops

- Verdienen Sie an jedem Verkauf

Jetzt bei www.GRIN.com hochladen und kostenlos publizieren

Grundlagen des Sportstättenmanagements. Sportentwicklungsplanung, Finanzierung, digitale Vermarktung

Raphael Lang

Bibliografische Information der Deutschen Nationalbibliothek:

Die Deutsche Nationalbibliothek verzeichnet diese Publikation in der Deutschen Nationalbibliografie; detaillierte bibliografische Daten sind im Internet über http://dnb.d-nb.de abrufbar.

ISBN: 9783346380241
Dieses Buch ist auch als E-Book erhältlich.

Druck und Bindung: Books on Demand GmbH, Norderstedt Germany
Gedruckt auf säurefreiem Papier aus verantwortungsvollen Quellen

Das vorliegende Werk wurde sorgfältig erarbeitet. Dennoch übernehmen Autoren und Verlag für die Richtigkeit von Angaben, Hinweisen, Links und Ratschlägen sowie eventuelle Druckfehler keine Haftung.

Das Buch bei GRIN: https://www.grin.com/document/1003233

Deutsche Hochschule für
Prävention und Gesundheitsmanagement
Hermann Neuberger Sportschule 3
66123 Saarbrücken

Einsendeaufgabe

Fachmodul: Sportanlagen- und Sportstättenmanagement

Studiengang: Bachelor of Arts Sportökonomie

Datum
Präsenzphase: 03.06.2019 – 06.06.2019

Name, Vorname: Lang, Raphael

Studienort: **Stuttgart**

Semester: **Winter 2016**

Inhaltsverzeichnis

1 Sportanlagen- und Sportstättenbau

1.1 Bauphasen

Tab. 1: Reihenfolge der Bauphasen

Nr.	Phase	Dauer (in Monaten)
1.	A - Markt- und Bedarfsanalyse	2
2.	B - Standortwahl	1
	C - Sportverhaltens- und Nutzeranalyse	3
3.	D - Raumprogramm- und Funktionsanalyse	1
4.	E - Konzeptualisierung mit Kostenschätzung und Betriebskostenanalyse	4
5.	F - Machbarkeit und Finanzierung klären	6
6.	G - Planung und Festlegung der Baudetails	8
7.	H - Realisierung des Baus	14
8.	I - Betrieb der Sporthalle	>12

1.2 PLANNET-Diagramm

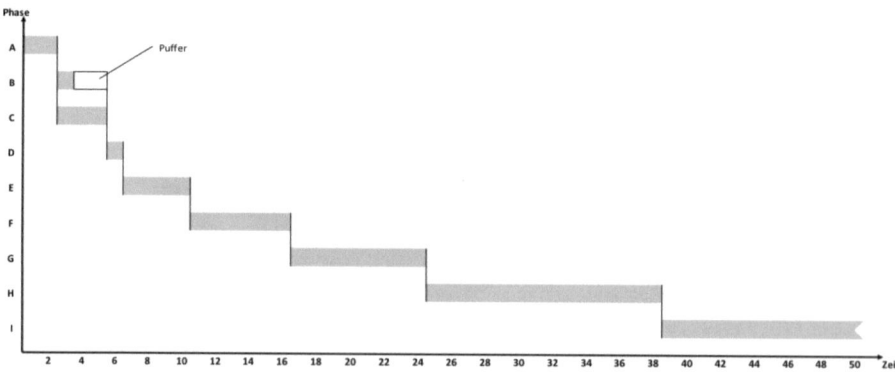

Abb. 1: PLANNET-Diagramm (eigene Darstellung)

1.3 Netzplan-Technik

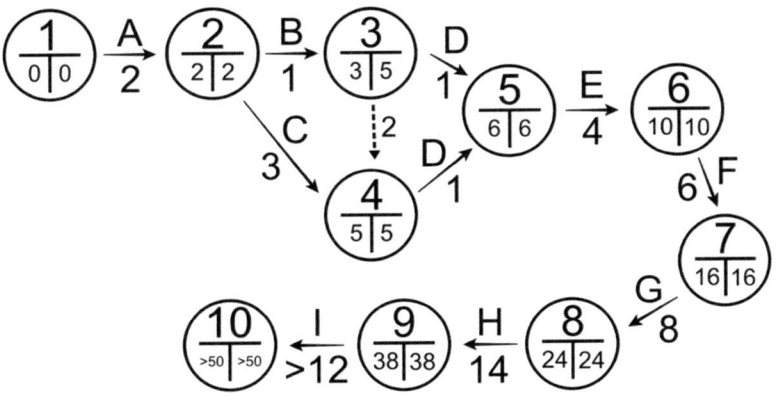

Abb. 1: Netzplan (eigene Darstellung)

An Hand der Abb. 1 und Abb. 2 kann der Beginn des Betreibens der Sporthalle nach 38 Monaten beginnen.

2 Kommunale Sportentwicklungsplanung

2.1 Grundformel zur Berechnung des Sportstättenbedarf

Die Grundformel zur Berechnung des Sportstättenbedarfs nach Köhl & Bach sieht wie folgt aus (Köhl & Bach, 2006).

$$\text{Sportstättenbedarf} = \frac{\text{Sportbedarf x Zuordnungsquote}}{\text{Belegungsdichte x Nutzungsdauer x Auslastungsquote}}$$

Der Sportbedarf setzt sich aus Folgenden Parametern zusammen: Sportler, Häufigkeit und Dauer

Formel: Sportbedarf = Sportler x Häufigkeit x Dauer (Köhl & Bach, 2006)

Als **Sportler** werden alle männlichen sowie weiblichen Einwohner gezählt (Köhl & Bach, 2006). Die **Häufigkeit** wird von den sportlichen Aktivitäten der Einwohner pro

Woche hergeleitet und die **Dauer** setzt sich aus der Zeit, die ein Sportler pro Ausübung einer Sportart braucht, zusammen (Köhl & Bach, 2006). Die **Zuordnungsquote** bezeichnet den Anteil einer Sportart, auf verschiedenen Sportanlagen und Sportgelegenheiten (Köhl & Bach, 2006). Als **Belegungsdichte** versteht man, wie viele Sportler einer Sportart, die Anlage zur selben Zeit nutzen können (Köhl & Bach, 2006). Die **Nutzungsdauer** gibt an, wie viele Stunden die Anlage pro Woche genutzt wird (Köhl & Bach, 2006). Um die **Auslastungsquote** berechnen zu können wird die Sportnachfrage ins Verhältnis zur Kapazität der Sportstätte gestellt (Köhl & Bach, 2006). Letztlich wird durch jeden Aufgezeigten Parameter der Sportstättenbedarf ausgerechnet. Der **Sportstättenbedarf** ist der Bedarf an Sportstätten, um den gesamten Sportbedarf abdecken zu können (Köhl & Bach, 2006).

2.2 Berechnung des Sportstättenbedarf

Im Folgenden wird der Auslastungsfaktor = Auslastungsquote der Stadt Mannheim ausgerechnet.

Die Formel lautet:

$$\text{Sportstättenbedarf} = \frac{\text{Sportbedarf x Zuordnungsquote}}{\text{Belegungsdichte x Nutzungsdauer x \textbf{Auslastungsquote}}}$$

Zuerst wird der Sportbedarf einzeln ausgerechnet:

Sportbedarf = Sportler x Häufigkeit x Dauer

$$= 24000 \times 1,5 \times 1,8$$

$$= 64.800$$

Die 64.800 werden als Sportbedarf in die Formel eingesetzt.

$$70 = \frac{64.800 \times 0,5}{25 \times 30 \times \text{Auslastungsquote}}$$

$$70 = \frac{32.400}{750 \times \text{Auslastungsquote}}$$

$$70 = \frac{43{,}2}{\text{Auslastungsquote}}$$

43.2 = 70 x Auslastungsquote

0,617 = Auslastungsquote

Der Auslastungsfaktor beträgt für die Stadt Mannheim **0,617**.

2.3 Förderinteressenten

Nun wird zur folgenden Aussage Stellung genommen.

„Während die Bundesregierung ausschließlich den Breitensport fördert, besitzen die Bundesländer und Kommunen lediglich Förderinteressen am Spitzensport."

Die Förderung des Breitensports übernehmen hauptsächlich die Länder und Kommunen (Bundesministerium des Inneren, 2019). Da der Breitensport der Grundstein für den Spitzensport ist, stellt die Bundesregierung die Rahmenbedingungen und verbessert und begleitet diese (Bundesministerium des Inneren, 2019). Die Bundesregierung ist hauptsächlich für die Förderung des Spitzensports verantwortlich (Bundesministerium des Inneren, 2019). Da die Athleten und Mannschaften die Bundesrepublik im Internationalen Vergleich vertreten, werden diese Spitzensportler auch bestens betreut und trainiert. Schließlich kann man der oben genannten Aussage, laut des Bundesministerium des Inneren, nicht zustimmen.

3 Finanzierung und Betrieb von Sportanlagen

3.1 Investition und Finanzierung

Tab. 2: Gegeben Parameter

Investitionsausgaben der Halle	3.000.000 € (netto)
Betriebs- und Instandhaltungskosten (in den nächsten 5 Jahren eine Steigerung von jährlich 3%)	100.000 € (netto)
Mehreinnahmen (jährliche Steigerung von 15 %)	60.000 € (brutto) = 50.420,17 € (netto)

Monatliches Entgelt durch Schulsport (1.000 € pro Monat x 12 = 12.000 € jährlich)	12.000 € (netto)
Laufzeit	5 Jahre
Kapitalverzinsung	12%

Jahr 1:

Einzahlungen: 50.420,17 € + 12.000 € = 62.420,17 €

Barwert Einzahlungen: 62.420,17 € : 1,12 = **55.732,30 €**

Auszahlungen: 100.000 €

Barwert Auszahlungen: 100.000 € : 1,12 = **89.285,71 €**

Jahr 2:

Einzahlungen: (50.420,17 € x 1,15) +12.000 € = 69.983,20 €

Barwert Einzahlungen: 69.983,20 € : $1,12^2$ = **55.790,18 €**

Auszahlungen: 100.000 € x 1,03 = 103.000 €

Barwert Auszahlungen: 103.000 € : $1,12^2$ = **82.110,97 €**

Jahr 3:

Einzahlungen: (50.420,17 € x $1,15^2$) + 12.000 € = 78.680,68 €

Barwert Einzahlungen: 78.680,68 € : $1,12^3$ = **56.003,35 €**

Auszahlungen: 100.000 € x $1,03^2$ = 106.090 €

Barwert Auszahlungen: 106.090 € : $1,12^3$ = **75.512,77 €**

Jahr 4:

Einzahlungen: (50.420,17 € x $1,15^3$) +12.000 € = 88.682,78 €

Barwert Einzahlungen: 88.682,78 € : $1,12^4$ = **56.359,51 €**

Auszahlungen: 100.000 € x $1,03^3$ = 109.272,70 €

Barwert Auszahlungen: 109.272,70 € : $1,12^4$ = **69.444,78 €**

Jahr 5:

Einzahlungen: (50.420,17 € x $1,15^4$) + 12.000 € = 100.185,19 €

Barwert Einzahlungen: 100.185,19 € : $1,12^5$ = **56.847,77 €**

Auszahlungen: 100.000 € x $1,03^4$ = 112.550,88 €

Barwert Auszahlungen: 112.550,88 € : $1,12^5$ = **63.864,39 €**

Summer der Barwerte Einzahlungen:

55.732,30 € + 55.790,18 € + 56.003,35 € + 56.359,51 € + 56.847,77 € = **280.733,11 €**

Summe der Barwerte Auszahlungen:

89.285,71 € + 82.110,97 € + 75.512,77 € + 69.444,78 € + 63.864,39 € = **380.218,62 €**

Nun zieht man die Ausgaben von den Einnahmen ab:

280.733,11 € − 380.218,62 € = **-99.485,51 €**

Abschließend werden die Investitionsausgaben für die Halle mit dem Ergebnis addiert:

(-3.000.000 €) + (-99.485,51 €) = **-3.099.485,51 €**

Der Kapitalwert der Investition für die Halle beträgt -3.099.485,51 €.

3.2 Auslastungsanalyse einer Sportanlage

Es werden in den ersten Schritten die Ist-Werte und Soll-Werte verglichen. Durch diese Werte bekommt man einen Einblick, wie die Sporthalle aktuell ausgelastet wird. Am Schluss wird die Kapitalreserve ausgerechnet, die einem zeigt, wie viel die Halle noch genutzt werden könnte. Ziel sollte immer sein, eine Sportstätte mit einer optimalen Auslastung zu haben. Diese wird erreicht, wenn eine optimierte Auslastungsanalyse angefertigt wird. Bei dieser wird überprüft, an welchen Parametern noch verbessert werden könnte, damit die Kapitalreserve auf ein Minimum sinkt.

Tab. 3: Auslastungsanalyse

Belegungszeit-raum	Belegung			
			Belegungsdichte	
	Stunden	Sportart	Ist-Bele-gungsdichte	Soll-Bele-gungsdichte
Montag 17:00–18:30	1,5	Handball	14	12
Dienstag 20:00–21:30	1,5	Keine Be-legung	-	15
Mittwoch 19:00-21:30	2,5	Basketball	15	20
Donnerstag 20:00-22:00	2	Fußball	18	15

Freitag 19:00-20:00	1	Badminton	5		15
Maximale Nutzungskapazität: 83 %					

Tab. 4: Auslastung

	Auslastung	
	Ist	Soll
Ist-Nutzungsdauer 1,5 + 2,5+2+1	7	
Soll-Nutzungsdauer 1,5+1,5+2,5+2+1		8,5
Ist-Belegung 14+15+18+5	52	
Soll-Belegung 12+15+20+15+15		77
Ist-Belegungsstunden insgesamt 1,5x14+2,5x15+2x18+1x5	99,5	
Soll-Belegungsstunden insgesamt 1,5x12+1,5x15+2,5x20+2x15+1x15		135,5
Ist-Auslastung Ist-Belegungsstunden : Soll-Belegungsstunden 99,5 : 135,5	73,43 %	
Kapazitätsreserve Maximale Nutzungskapazität – Ist-Auslastung 83 – 73,43	9,57 %	

3.3 Auslastungsoptimierung

Tab. 5: Optimierte Auslastungsanalyse

Belegungszeitraum	Belegung			
			Belegungsdichte	
	Stunden	Sportart	Ist-Belegungs-dichte	Soll-Belegungs-dichte
Montag 17:00–18:30	1,5	Badminton	5	12

Dienstag 20:00–21:30	1,5	Handball	14	15
Mittwoch 19:00-21:30	2,5	Fußball	18	20
Donnerstag 20:00-22:00	2	Basketball	15	15
Freitag 19:00-20:00	1	-	-	15
Maximale Nutzungskapazität: 83 %				

Tab. 6: Optimierte Auslastung

	Auslastung	
	Ist	Soll
Ist-Nutzungsdauer 1,5+1,5+2,5+2	7,5	
Soll-Nutzungsdauer 1,5+1,5+2,5+2+1		8,5
Ist-Belegung 5+14+18+15	52	
Soll-Belegung 12+15+20+15+15		77
Ist-Belegungsstunden insgesamt 1,5x5+1,5x14+2,5x18+2x15	103,5	
Soll-Belegungsstunden insgesamt 1,5x12+1,5x15+2,5x20+2x15+1x15		135,5
Ist-Auslastung Ist-Belegungsstunden : Soll-Belegungsstunden 103,5 : 135,5	76,38 %	
Kapazitätsreserve Maximale Nutzungskapazität – Ist-Auslastung 83 – 76,38	6,62 %	

Die neue Kapitalreserve ist um knapp 3 % gesunken. Das ist schon mal ein kleiner Schritt in die richtige Richtung. Dabei ist die Ist-Auslastung auch um knapp 3 % gestiegen, somit wird die Halle effektiver und mehr zu den gleichen Öffnungszeiten genutzt.

3.4 Nachhaltigkeit von Sportstätten

Nun wird zu der Aussage „Die nachhaltigsten Olympischen Spiele sind die, die gar nicht stattfinden" Stellung genommen.

Zuerst wird der Begriff Nachhaltigkeit geklärt. Unter Nachhaltigkeit versteht man, eine Entwicklung der heutigen Generation, die der Entwicklung der späteren Generation nicht schadet (Hauff & Kleine, 2009). Unter Berücksichtigung der drei Nachhaltigkeitsdimensionen wird dabei auf die Umwelt, auf das Soziale und auf wirtschaftlichen Erfolg gesetzt (Hauff & Kleine, 2009). Ziel einer Nachhaltigen Sportstätte ist ein möglichst großer Nutzen für den Eigentümer, die Mitarbeiter, Sportler und der Gesellschaft entsteht, aber gleichzeitig Vermeidung oder steigernde Reduzierung von negativen ökologischen, ökonomischen und sozialen Folgen (Neuerburg, 2009).

Tab. 7. Die drei Nachhaltigkeitsdimensionen

Ökonomie	Die vier wichtigen Faktoren der Ökonomie sind die, langfristige Unternehmenssicherung, hohes Innovationspotential, effiziente Bedürfnisbefriedigung und eine Erhöhung der Wertschöpfung (Hauff & Kleine, 2009).
Ökologie	Wichtige Faktoren der Ökologie sind die, Ressourcenschonung, Emissionsreduzierung, erhalt von Ökosystemen und die Minimierung von Risiken (Hauff & Kleine, 2009).
Soziales	Das Soziale spiegelt die Kooperation, das Solidarsystem und die Gleichberechtigung wider (Hauff & Kleine, 2009).

Tab. 8. Dimensionen der Nachhaltigkeit in Bezug auf Sportanalgen und Sportstätten

bauliche Infrastruktur	Sportanlagenbetreiber können mit der Verbesserung zum Umweltschutz in Sportanlagen und durch die Sensibilisierung der Mitglieder einen großen Teil zum Umweltschutz beitragen (Thielebein, 2000, S. 110). Dazu können auch Kosten eingespart werden.
Nutzung	Die Mitglieder des Vereins müssen auf einen schonenden und Umweltfreundlichen Umgang der Ressourcen einstellen.

Organisation	Um in einem Verein nachhaltig handeln zu können, müssen diese in die Prozesse und Strukturen mit eingebaut werden.
Sportgroßveranstaltungen	Ziel von Sportgroßveranstaltungen sollte sein, dass die Nutzung der Sportanlagen während und nach der Veranstaltung gleich bleibt.

Die Olympischen Spiele in London 2012 sollen die ersten Nachhaltigen Spiele werden, dabei war das der Hauptgrund für die Zusage der Bewerbung (WWF, 2012). Das Klimakonzept besteht dabei aus dem Klimawandel, Biodiversität, Abfallentsorgung, soziale Partizipation und gesundes Leben (WWF, 2012). Das Olympiastadion wird aus leichten und zum Großteil widerverwendbaren Materialien gebaut und soll nach den Spielen von 80.000 Sitzplätzen auf 60.000 Plätze gesenkt werden (WWF, 2012). Die Erbaute Schwimmhalle hat eine katastrophale Klimabilanz, bei der allein in der Dachkonstruktion 3.000 Tonnen Stahl verbaut wurde (WWF, 2012). Während den Spielen wird die Klimaanlage gedrosselt, weil der Energieverbrauch davor schon hoch ist (WWF, 2012). Der Nahverkehr wurde ausgebaut, damit die Zuschauer mit dem Shuttlezügen auf der Schnellfahrstrecke zu den Spielen gelangen (WWF, 2012). Um den Verkehr zu minimieren, wurden auch über 425 Fahrradwege und mehr als 150 Fußwege errichtet, die zu den verschiedenen Sportstätten führen (WWF, 2012). Durch die schlecht organisierte Müllverwertung verfehlt London den Plan, durch Müllvermeidung und Recycling keinen Müll zu erzeugen (WWF, 2012). Es wurde auch herausgefunden, dass ein Nebenfluss der Themse stärker verschmutzt ist, als er vor dem Bau war (WWF, 2012). Abschließend kann man sagen, dass die Aussage seine Richtigkeit hat. Es wird viel Organisationsplanung in den Bau der Stadien und Infrastruktur gesteckt, die sehr vielversprechend in der Theorie ist, jedoch läuft es in der Praxis anders ab als geplant. Der Grundgedanke die Olympischen Spiele Nachhaltiger zu gestalten ist gut, nur scheitert es zurzeit noch an der Umsetzung.

4 Digitale Vermarktung von Sportanlagen und Sportstätten

Tab. 9: Digitalisierung und Mehrwert für Fans, Sponsoren und Verein

Möglichkeiten	Mehrwert Betreiber	Mehrwert Fans	Mehrwert Sponsoren

Vereins-App mit bevorstehenden Veranstaltungen, News, und Vorstellung der Mannschaft	-gezielte Kundenbindung, durch Nähe zur Mannschaft -bei Veranstaltungen Generierung vieler Mitglieder, durch Ankündigung -eventuell Mitgliedergewinnung, wegen den Veranstaltungen	-nähe zur Mannschaft/Verein, durch die News -immer auf dem neusten Stand zu sein -kennenlernen der einzelnen Spieler durch Spielerprofil	-Platzierung der Sponsoren auf der App -bei Veranstaltungen können die Sponsoren Stände aufbauen
Stadion-App mit Infos zu den Verkaufsständen und Bereitstellung der Bestellung am Verkaufstand, durch Bargeldlose Bezahlung, Ticketpreisen und Verfügbarkeit	-durch Registrierung werden Benutzerprofile erstellt und somit ist ein Zielgruppenmarketing möglich -verbesserte Kaufbereitschaft durch schnelleres bezahlen -besserer Ticketverkauf, durch sofort Information der Ticketstände	-auch während dem Spiel, Essen und Trinken bestellen können -schnelles bezahlen durch Bargeldlose Zahlung -Ticketkauf vom Smartphone aus	-Platzierung der Sponsoringfirmen auf der App -Hauptsponsor der App werden „die Zuschauzahl wird präsentiert von…."
Social-Media-Aktivitäten, durch Facebook, Instagram und YouTube. Einblicke in den Alltag,	-sehr hohe Reichweite durch das Internet -Mehreinnahmen durch Produktplatzierungen in den Videos	-erweckt Emotionen, durch Videos der Mannschaft -Nähe zur Mannschaft, durch Eindrücke vom Training und Alltag der Stars	-Hauptsponsor der Videos werden -Einführung der Produkte in den Videos, durch Produktplatzierung

Training oder Pressekonferenzen	-höhere Mitgliederbindung, durch das Gefühl hautnah am Geschehen dabei sein zu können	-erfahren neuester News	
Merchandising-App, zum Kauf von Vereinsprodukten und Lieferung nach Hause	-Mehreinnahmen durch Verkauf von Produkten - Treue der Mitglieder durch Bindung zum Verein -höhere Mitgliederbindung, durch Identifikation mit dem Verein	-Identifikation mit dem Verein, durch tragen der Trikots -Mitglieder sind stolz darauf das Trikot mit ihrem Lieblingsspieler tragen zu könne	-Menschen sehen den Namen des Hauptsponsors auf dem Trikot -höhere Reichweite

5 Literaturverzeichnis

Bundesministerium des Inneren. 2019. *Die Finanzierung des Sports.* Zugriff am: 15.07.2019. Verfügbar unter: https://www.bmi.bund.de/DE/themen/sport/sportfoerderung/finanzierung-des-sports/finanzierung-des-sports-node.html

Bundesministerium des Inneren. 2019. Förderung der Bundessportfachverbände. Zugriff am 15.07.2019. Verfügbar unter: https://www.bmi.bund.de/DE/themen/sport/sportfoerderung/bundessportfachverbaende/bundessportfachverbaende-node.html

Hauff, M. von & Kleine, A. 2009. Nachhaltige Entwicklung. Grundlagen und Umsetzung. München: Oldenburg

Köhl, W. & Bach, L. (2006). *Leitfaden zur Sportstättenentwicklungsplanung.* Verfügbar unter: https://www.bisp.de/SharedDocs/Downloads/Publikationen/sonstige_Publikationen_Ratgeber/P1_06_Kommentar_Leitfaden.pdf?__blob=publicationFile&v=1

Neuerburg, H.-J. (2009). Nachhaltiges Sportstättenmanagement Ziele, Handlungsfelder und Perspektiven. In Deutscher Olympischer Sportbund (Hrsg.), *Nachhaltiges Sportstättenmanagement. Dokumentation des 17. Symposiums zur nachhaltigen Entwicklung des Sports* (S. 5-10).

Thielebein, R. (2000). Umweltmanagement und -bildung im Turnverein. Ergebnisse und Erfahrungen mit dem Modellprojekt (UMBIT). *In Württembergischer Landessportbund (Hrsg.), Sportstättenbau und -entwicklung im 3. Jahrtausend. Dokumentation 2. Stuttgart Sport-Kongress* (S. 104-111).

WWF. 2012. London 2012 – grüner, sauberer, sanfter? Zugriff am: 15.07.2019. Verfügbar unter: https://www.wwf.de/themen-projekte/nachhaltigkeit-der-olympischen-spiele-2012-in-london/

6   Abbildungs- und Tabellenverzeichnis

6.1 Abbildungsverzeichnis

6.2 Tabellenverzeichnis